Blazers Bilingüe/Bilingual

Las Fuerzas Armadas de EE.UU./
The U.S. Armed Forces

Los Blue Angels/
The Blue Angels

por/by Carrie A. Braulick

Consultora de Lectura/Reading Consultant:
Barbara J. Fox
Especialista en Lectura/Reading Specialist
Universidad del Estado de Carolina del Norte/
North Carolina State University

Capstone Press
Mankato, Minnesota

WITHDRAWN
MONTEREY COUNTY FREE LIBRARIES

Blazers is published by Capstone Press,
151 Good Counsel Drive, P.O. Box 669, Mankato, Minnesota 56002.
www.capstonepress.com

Library of Congress Cataloging-in-Publication Data
Braulick, Carrie A., 1975–
    [Blue Angels. Spanish & English]
    Los Blue Angels/por Carrie A. Braulick = The Blue Angels/by Carrie A. Braulick.
    p. cm.—(Blazers—Las Fuerzas Armadas de EE.UU. = Blazers—The U.S.
Armed Forces)
    Includes index.
    ISBN-13: 978-0-7368-7749-7 (hardcover)
    ISBN-10: 0-7368-7749-5 (hardcover)
    1. United States. Naval Flight Demonstration Squadron—Juvenile literature. I.
Title. II. Title: Blue Angels.
VG94.6.N38B7318 2007
797.5'40973—dc22   2006027473

Summary: Describes the U.S. Navy's Blue Angels, including their planes, the
formations and maneuvers of their air shows, and team member duties—in both
English and Spanish.

Credits
Juliette Peters, set designer; Enoch Peterson and Steve Christensen, book designers;
    Jo Miller, photo researcher; Scott Thoms, photo editor; Strictly Spanish,
    translation services; Saferock USA, LLC, production services

Photo Credits
AP/Wide World Photos/National Museum of Naval Aviation, 11
David O. Bailey, 25
DVIC/Kenn Mann, USAF CIV, 13; LCPL Ismael Marquez, USMC, 12
Getty Images Inc./Justin Sullivan, 8, 22–23
Navy Photo, cover (both), 26; PH1 Casey Akins, 6; PH1 Darryl Herring, 5; PH3
    Leah Wilson, 17
Photo by Ted Carlson/Fotodynamics, 7, 14, 18, 19 (both), 20, 21, 28–29

**Capstone Press thanks Lieutenant Mike Blankenship, U.S. Navy Blue
Angels, for his assistance in preparing this book.**

1 2 3 4 5 6 12 11 10 09 08 07

Table of Contents

Tabla de contenidos

The Blue Angels in Action

The Blue Angel planes speed down the runway. They soar into the sky. The air show begins.

Los Blue Angels en acción

Los aviones de los Blue Angels recorren veloces por la pista. Se elevan surcando el cielo. Empieza el espectáculo aéreo.

Four planes flip upside down. They do a diamond dirty loop. Next, the planes fly close to each other in a fan formation.

Cuatro aviones vuelan invertidos. Hacen un rizo en diamante sin guardar el tren de aterrizaje. Enseguida, los aviones vuelan uno junto al otro en una formación de abanico.

Diamond dirty loop/
Rizo en diamante

Fan/Abanico

Horizontal rolls/Toneles horizontales

BLAZER FACT

The Blue Angels' name came from a business featured in the *New Yorker* magazine.

DATO BLAZER

El nombre Blue Angels surgió de un negocio que apareció en la revista *New Yorker.*

Two planes fly next to each other.
They roll sideways in a circle. Later,
the planes land and the show ends.

Dos aviones vuelan uno junto al
otro. Hacen toneles lateralmente en un
círculo. Después, los aviones aterrizan
y el espectáculo termina.

Blue Angel Planes

Navy pilot Roy Voris formed the Blue Angels in 1946. The Blue Angels perform daring stunts with planes.

Aviones de los Blue Angels

El piloto de la Armada Roy Voris fundó los Blue Angels en 1946. Los Blue Angels realizan temerarias acrobacias con aviones.

First Blue Angels team/Primer equipo Blue Angels

Roy Voris

★★★★★★★★★★★★★

The Blue Angels fly F/A-18 Hornets. These fighter jets are smaller and faster than many other planes.

Los Blue Angels vuelan aviones F/A-18 Hornet. Estos aviones de combate son más pequeños y más rápidos que muchos otros aviones.

13

A large C-130 Hercules plane carries supplies to Blue Angel air shows. The Blue Angels call it Fat Albert.

Un gran avión C-130 Hercules transporta insumos a los espectáculos aéreos de los Blue Angels. Los Blue Angels lo llaman el Gordo Alberto.

BLAZER FACT

Fully loaded, Fat Albert weighs more than 10 African elephants.

DATO BLAZER

Totalmente cargado, el Gordo Alberto pesa más que 10 elefantes africanos.

Formations and Maneuvers

Formations are part of each air show. The main formation is the delta.

Formaciones y maniobras

Las formaciones son parte de cada espectáculo aéreo. La principal formación es la delta.

Delta/Delta

17

Line abreast/En línea

Other formations are the line abreast, echelon, and diamond. The planes almost touch each other in some formations.

Otras formaciones son la formación en línea, escalonada y en diamante. Los aviones casi se tocan entre sí en algunas formaciones.

Echelon/Escalón

Diamond/Diamante

19

BLAZER FACT

In the 1930s, the Gulfhawk II stunt plane was built to fly upside down for up to 30 minutes.

DATO BLAZER

En la década de 1930, el avión acrobático Gulfhawk II fue construido para volar invertido hasta durante 30 minutos.

The Blue Angels are famous for their bold maneuvers. Two planes fly upside down in the double farvel. Six planes do rolls in the fleur-de-lis.

Los Blue Angels son famosos por sus temerarias maniobras. En el doble vuelo invertido dos aviones vuelan invertidos. En la flor de lis, seis aviones hacen toneles.

Fleur-de-lis/Flor de lis

Flight leader/Líder de vuelo

Right wing/Ala derecha

Opposing solo/Solista contrario

Delta Positions/ Posiciones delta

Left wing/Ala izquierda

Lead solo/Solista líder

Slot/Centro

Blue Angel Jobs

Blue Angel pilots have many years of flying experience. They spend two years with the team.

Empleos en los Blue Angels

Los pilotos de los Blue Angels tienen muchos años de experiencia de vuelo. Pasan dos años con el equipo.

Some Blue Angel members fix planes or plan shows. All members work together to make shows successful.

Algunos miembros de los Blue Angels arreglan aviones o planean espectáculos. Todos los miembros trabajan juntos para que los espectáculos sean un éxito.

BLAZER FACT

During training season, Blue Angel pilots practice two times a day and six days a week.

DATO BLAZER

Durante la temporada de entrenamiento, los pilotos de los Blue Angels practican dos veces al día, seis días a la semana.

The team flies in the famous delta

El equipo vuela en la famosa formación delta

Glossary

delta—the main formation of the Blue Angels

diamond—a formation in which four Blue Angel planes form a diamond shape

echelon—a formation in which four Blue Angel planes line up diagonally

formation—a group of airplanes flying together in a pattern

maneuver—a planned and controlled movement

roll—to turn sideways in a complete circle

runway—a strip of level land that aircraft use for taking off and landing

Internet Sites

FactHound offers a safe, fun way to find Internet sites related to this book. All of the sites on FactHound have been researched by our staff.

Here's how:

1. Visit *www.facthound.com*
2. Choose your grade level.
3. Type in this book ID **0736877495** for age-appropriate sites. You may also browse subjects by clicking on letters, or by clicking on pictures and words.
4. Click on the **Fetch It** button.

FactHound will fetch the best sites for you!

Glosario

el delta—la principal formación de los Blue Angels

el diamante—una formación en la que cuatro aviones de los Blue Angels forman un diamante

el escalón—una formación en la que cuatro aviones de los Blue Angels se alinean diagonalmente

la formación—un grupo de aviones que vuelan juntos en un patrón

la maniobra—un movimiento planeado y controlado

la pista—una tira de tierra plana que usan los aviones para despegar y aterrizar

el tonel—dar vueltas lateralmente en un círculo completo

Sitios de Internet

FactHound proporciona una manera divertida y segura de encontrar sitios de Internet relacionados con este libro. Nuestro personal ha investigado todos los sitios de FactHound. Es posible que los sitios no estén en español.

Se hace así:

1. Visita *www.facthound.com*
2. Elige tu grado escolar.
3. Introduce este código especial **0736877495** para ver sitios apropiados según tu edad, o usa una palabra relacionada con este libro para hacer una búsqueda general.
4. Haz clic en el botón **Fetch It.**

¡FactHound buscará los mejores sitios para ti!

Index

Índice